Michael Wildenhain

*DAS TICKEN DER STEINE*

Rotbuch Verlag

Michael Wildenhain

*DAS TICKEN DER STEINE*

Gedichte

Rotbuch Verlag

1. Auflage 1989
© Rotbuch Verlag, Berlin
Umschlaggestaltung von Michaela Booth
unter Verwendung einer Fotografie von Bernd Markowsky
Satz: Satzinform, Berlin
Druck und Bindung: Wagner GmbH, Nördlingen
Printed in Germany, Alle Rechte vorbehalten
ISBN 3 88022 744 6

*INHALT*

*ES BRACHEN DIE ZÄHNE*
*EINZELN UND SCHNELL*
Oktober  *10*
Mai 76  *11*
Wewelsfleth  *12*
Marbach  *13*
Tag  *14*
Souterrain  *15*

*KURZE STÖSSE*
Mutter  *18*
Kurze Stöße  *19*
Spät  *20*
Orchideen  *21*
Reise in drei Stationen  *22*
Die Wohnung am Straßenbahnhof  *23*
Kind  *24*
April  *25*
First Cut  *26*
Fast Sommer  *27*
Vater  *28*

*LANDWEHR*
Am Urban  *30*
Schau das Krematorium  *31*
Maikäfer flieg  *32*
Moabit  *33*
Einer gewinnt  *34*
Erstes Gerücht  *35*

Blick  *36*
Vorstadt  *37*
Bankert  *38*
Im Norden von Berlin  *39*
Landwehr  *40*

*DER KRIEG NOCH FERN*
*WIE LAUES LAUB*
Mann am Morgen ich als Pfahl  *42*
Bosepark  *43*
Im Gebüsch der neue See  *44*
Cocktail  *45*
Im Amt  *46*
Travis Bickle  *47*
Mann und Mädchen  *48*
Danach  *49*
Der Weltverbesserer  *50*
Borsigwalde  *51*
General-Pape-Straße  *52*
Ein Mann der brennt  *54*

*UND EIN GELBER GUMMIBALL*
*ROLLT AN EINEN TOTEN*
Violett  *56*
Bäche auf dem Bürgersteig  *57*
Und Arbeiter kleben auf Fahrbahnen Teer  *58*
Goldlöckchen  *59*
Immer am Ende vom Winter  *60*
Blade Runner  *61*
Oranienplatz  *62*
Auch du wirst fallen  *63*

Fotografie  *64*
Der mit den farbigen Händen  *65*
Bittermandel  *66*
Tod  *67*
Dünne Welt  *68*

*DU BETTEST MICH IN*
*GOLD UND MILCH*
Die Liebe einer Frau  *70*
Papierschiff  *71*
Abschied  *72*
Die Wahl der Aphrodite  *73*
Heimat  *74*
Nebenbuhler  *75*
August  *76*
Die Felsen sind rötlich und grau  *77*
Siech  *78*
Keiner kann etwas dafür  *79*
Die Ilias  *80*

*DAS TICKEN DER STEINE*
Der Besuch des Präsidenten  *82*
Hrdlicka  *83*
Die Liebe und der Lottokönig  *84*
Haymarket  *86*
Juli  *87*
Das Ende von Somoza  *88*
T. B.  *89*
Tag der Arbeit  *90*
Maria im Traum  *92*

*ES BRACHEN DIE ZÄHNE*

*EINZELN UND SCHNELL*

*OKTOBER*

Was für ein schönes Bild
Drei Leichen in drei Kästen
Der Himmel über Stammheim ist aus Stahl
Vielleicht drei Raben auf drei kahlen Ästen
Wir tasten hoffnungsvoll nach aufgebahrten Resten
Legen die Hand aufs Herz und weinen
Um die Besten
Schauen uns fügsam um
Wir flüstern Mörder
Nicken mit eingeschlagnen Köpfen ach egal
Der Himmel über Stammheim Stahl und Eisen
Tuscheln wenn keiner hinhört von Beweisen
Tönen wenn wir gefragt sind vielleicht aber
Tippen mit tauben Fingern nach dem Gral
Und murmeln Grundgesetz wir sehn den Himmel
Grün nur am Rand
Und in der Mitte fahl
Der Himmel über Stammheim ist aus Stahl

*MAI 76*

Sowas von Licht das Lachen heller Frauen
Ein blinder Billardspieler spitzt sein Queue
Zwei Kinder die an Crêpe mit Marmelade kauen
Einer durch dessen Augen Soldatenlieder schauen
Die Wolken blanc ein Mittag
Blickblaß und manchmal bleu

Doch dann die Tage Tanz und Tränengas und Fieber
Einer der sagt ach du mein Lieber
Ulrike tot – leben wir noch
Was nützen dir in Frankreich Trauben
Der heiße Milchcafé Anis mit Schaum
Ein Bulle brennt jene die glauben
Was war steht auf blickt um sich und kehrt wieder
Knarre am Schädel Kopf mit Loch
Der Duft der Stadt ein Hauch von Rauch und Flieder
Jetzt kriegen wir euch alle
Jetzt kriegen wir euch doch

## WEWELSFLETH

Rechts rauschen gemächlich Kühlaggregate
Auf Hügelbeeten blühen Salate
Alles was ich von dir möchte ist gehn
Die Landschaft aus Blei verwandelt die Kate
In trocknes Gewölle auf einer Oblate
Immer bleibt die Kirche in den Dörfern stehn

Denn das Leben ist lieblich
Der Regen rieselt
Auf eine friedlich garstige Welt
Der Tod ein Vertreter der Frauen umwieselt
Und Glanzkataloge ins Morgenlicht hält

Die Stille sagst du umstellt dich mit Spießen
Den Friedhof umrandet ein blindes Idyll
Das Schweigen sagst du wird dich noch erschießen
Ströme von Blut sagst du müssen fließen
Stiefel statt *hältst du den Atem an* Füßeln
Keckliges Kichern aus Schlagrahm und Tüll

Denn die Tage sagst du tunken in Flächen
Teiche die grau hinter Deichen stehn
Während sich Welt und Vögel erbrechen
Kreischst du natürlich ich seh es gesteh es
Kühe sind scheckig schier wunderschön

## MARBACH

Ein Mann der an der Straße steht
Winkt Viehwaggons in Grafeneck
Pfeifen die stählernen Lokomotiven die tiefen
Tage aus Asche
Wir die wir schliefen die Faust in der Tasche
Neben dem Bett auf dem Nachttisch die Flasche
Und Kleidung in Musikgeschäften
Es heften sich Blicke auf tickediticke auf
Lippen und Titten und Lumpen und Plätze
Und Tiere und Schellen und Leiber die quellen und Tank
Stellen die einsam sind
Die Luft ist wieder lau und lind

*TAG*

Es wurde ein Keil in den Mund geschoben
Es brachen die Zähne einzeln und schnell
Es wurden die Lippen in Worte verbogen
Man spannte die Finger auf ein Gestell

Es stießen die Sätze am Rand der Vollendung
Auf jedes Geständnis das du von mir willst
Warst du der Hobel auf Häute und Hand und
Niemand in den du dich hüllst

*SOUTERRAIN*

Die Zimmer Gruft Geruch nach Essig
Ein Hauch von Terpentin im Bett
Tappen auf Lack brüchiger Estrich
Aber der Himmel hell und fett

Die Luft April zwei Spritzer Regen
Abfall und Küchenduft im Haar
Die Straße biegt sich dir entgegen
Da –

*KURZE STÖSSE*

## MUTTER

Sie sagt du mußt dich nicht schämen
Ich sehe im Spiegel die Kleider an
Im ausgestopften BH einen Mann
Das Randlose hinter den Tränen

*Du bist doch mein Kind* ach die Augen der Frau
Und unbeholfne Schminke
Die Lippen sind rot und die Lidschatten blau
Der Spiegel in dem ich ertrinke

*Ich seh doch dein Schluchzen* ertappt ... ertappt
Ihr weißer Nylonpullover
Erst Schritte im Hausflur die Wohnungstür klappt
Dann setzt sie sich still in ein Sofa

Getrocknete Worte verkrümmt in den Schoß
Am offnen Mund noch Farbe
Die Augen sind hinter den Lidschatten groß
Auf ihrem Bauch die Narbe

Der Rock aus Trevira ist hochgerutscht
Ich spür ihre kräftigen Finger im Haar
Meine Zunge die salzige Feuchtigkeit lutscht
Der Junge der ich nie war

## KURZE STÖSSE

Häufig zucken verschiedene Träume
Über mein lila Gesicht
Ich greife Sonderposten und Räume
Mich erwischen sie nicht

Ich sage du bist das Blatt vor der Blöße
Aber mein Spiegelbild schweigt
Hinter dem Blatt das Nichts kurze Stöße
Etwas das keiner mir zeigt

*SPÄT*

Das Tischtuch war mein Tag
Ich hörte Stimmen
Und folgte Strichen die kariert sind
Dein Haar ist Wachs und tropft
Du sagst ich soll beginnen
Von hier nach vorn
Während die Zeit verrinnt

Zwei Zeiger Bein und Perlon sieben Schrippen
Die angebissen bröcklig werden Wind
Sender aus Bakelit die dunklen Lippen
Bleiben wir wieder weil wir Freunde sind

*ORCHIDEEN*

Du stehst dann schweigt das Zimmer
Die Möbel rücken näher nah
Du hofftest es wäre wie immer
Als sie dich im Rauch im Licht sah

Aber die Rücken sind kantig
Schweiß füllt die Häute wie Tau
Heute weht Weihrauch und samtig
Das Haar nur die Stimmen sind rauh

Leise schweigen die Lieben
Mama nimmt einen Anzug heraus
Eng und an Sehnen zerrieben
Drüben im Waschzuberhaus

Du siehst die Riefen auf Fingern
Hornhaut und Schwielen und Schorf
Lilien die duften später
Sagt einer zerfällt er wird Würmer
Erde und danach Torf

Dann stockt die Welt Sarg aus Preßspan
Du bist ein Punkt auf der Fahrbahn aus Teer
Endlich die Tränen und es kam
Hundegebell
Danach er

*REISE IN DREI STATIONEN*

Wenn der Winter nackt ist
Ist die Stadt schwarz
Ist der Schnee kahl
Ist niemand dort
Singen die Hyazinthen
Buckel unter den Tag

Später sind die Augen ocker
In der leeren Diele
Der einzelnen Puppe da
Hat ein Arm gefehlt
Laß mich am Leben
Der Imbiß raucht

Als ich ankam an einem Freitag
Nachts den Samstag hab ich vertrödelt
Hatten die Leichtathleten Schenkel
Mann hatten die Schenkel
Spielten die Muskeln im Laufen Klavier

*DIE WOHNUNG AM STRASSENBAHNHOF*

Im Eimer klappert Kohlengrusch
Sechs Schläge das Brechen von einem Brikett
Vom Blech der Ofentür platzt Ruß
Sechs Schläge du biegst dich in deinem Bett

Ein saurer Kuß aus Schlaf und morgen
Sie wispert zum Abschied ich warte auf dich
Während sie dasteht vom Vorhang verborgen
Knistern im Ofen Affe und Fisch

Dann hängen vorn an der Tapete
Wimpern verschlossen wohle Welt
An raschelnden Jalousiensprossen
Kinder aus Knete wie Scheinwerfernähte
Was durch Gardinen und Fensterglasscheiben
Langsam auf deine Bettdecke fällt

Noch rennen Muster rutscht in Säcke
Ein Mann im Mantel sickert um die Ecke
Der Dienst von deinem Vater ist Atem vor dem Mund
   und schwer
Jetzt schaut sie her die schwarzen Hände
Aus Kitt und Lebertran die Wände
Noch riecht dein Bett nach einem Bär
Sechs Schläge und du schläfst nicht mehr

## KIND

Fieber verkrümmte Figur
Pflanzen die überm Heizkörper zittern
Märchen von Feen und Rittern
Mutter redet im Flur

Der Vorhang ein leises Rauschen
Die Falten im Stoff hart und gelb
Meine Hand wird die Hand die vom Pimmel abfällt
Lauschen

Die Mutter öffnet die Tür zur Toilette
Ihre Stimme die sagt ich sehe dich
Liegt dort auf dem Bord nicht meine Pinzette
Im Fensterglas das werde ich

Augen die stillstehn und warten
Im schwarzen Quadrat mein Gesicht
Vorm dunklen Fenster der Garten
Hinter der Mutter das Licht

*APRIL*

Bloß Strandkorb zerrissene Sonnenölflaschen
Der schwarze Sand leere Kabinen und kein Badegast
Miesmuscheln zwischen gelben Badetaschen
Rentner die sich im Meer schon ihre Füße waschen
Ein Unterhemd am Eisenmast

*FIRST CUT*

Mädchen die klein sind besingen
Ihren Kummer ich darf nicht so sein
Ausgebreitete Schwingen
Und beschmuddelter Wein

Und eine Nutte die rannte
Welt zwischen Schenkeln und rauh
Stechfliegen Whisky jetzt brannte
An mir der Duft einer häßlichen Frau

Ich hörte den Riß und danach das Schweigen
Halbschuhe gelb aber regendurchnäßt
Die Spitzen an allen Zweigen
Waren nicht mehr als Geäst

Dann noch die Straßen und Schilder
Bilder auf Vasen aus Stein
Glitschiger Samen und wilder
Wilder beschmuddelter Wein

*FAST SOMMER*

Überall zogen Horden umher
Leute stiegen unvermittelt
Aus Automobilen und kotzten
An Straßenbäume mickrige Stämmchen es stank
In den Anlagen nach weißen Blüten
Und süßem Sirup und einer zerrte
Einen anderen der mitging mit nacktem Oberkörper
Über die Potsdamer Straße
Im dritten Stock Bowie
Es hatte geregnet
Ein Frühling wie ein Grab

*VATER*

Er sieht dich an aus hellblauen Augen
Er fragt wie es weitergehen wird
Du antwortest nicht weil du weißt daß er stirbt

Du siehst seine Hände sich nie wieder heben
Zum Schlag der dich zurückzucken läßt
Du siehst in den Wänden der Wohnung dein Leben
Von seinem den Rest

Du nickst zu Geschichten die sich nicht mehr ändern
Wenige Wörter kaum noch ein Bild
Du siehst einen Abdruck und staubige Ränder
Das Glas das vor ihm steht ist ein Schild

Dann beugt sich der Körper die Lippen sind spröde
Zur Hälfte geöffnet das Wachstuch ist rot
Aus aufgereihten Patiencen stiert blöde
Geduld und danach der Tod

*LANDWEHR*

*AM URBAN*

Am Morgen steh ich am Kanal
Der Abend ist mir weggeschwommen
Die Bäume scheinen astlochkahl
Die Blätter hat man mitgenommen

Mein Herz hab ich im Mantel aufgetragen
Der Rest hängt schimmelig am Kran
Dort wo die Liebespaare lagen
Riecht es nach Tran

Erst war mir noch versprochen worden
Im leeren Mantel werde keiner weggekippt
Dann bin ich hochgehoben worden
Vielleicht hat die Bedienung
Mich mit dem Kehricht fortgeschippt

*SCHAU DAS KREMATORIUM*
*KOMMT UNS GELB ENTGEGEN*

Was für ein Bild ein einzelner Bulle
Schlägt einer Frau die Eis ißt stumm
Den Knüppel kennst du dumm wie Stulle
Vorn auf die Brille knie dich krumm

Dann kaum noch Bild zwei Hände vor Augen
Zwischen geknickten Fingern Eis
Kleckert Pistazie auf Pflaster Blut Trauben
Dörr und vertrocknet und Waffel mit Rum
Tanzt Stock mit Bulle unter Akazie
Kippt Frau die Augen klick blickweiß um

## MAIKÄFER FLIEG

Hups sagt ein Mädchen was war mir geschehen
Da bin ich auf einmal so lässig und leicht
Männer die neben den Gehwegen gehen
Allüberall wie hübsch nach mir sehen
Trottoir sagt man ach sagt man vielleicht
Einer mit Ölglanz auf Haaren und Zehen
Hat mir die hübscheren Hände
Die mit gereinigten Nagelbettmonden
Wie zum *ich knickse* Handkuß gereicht

Und keiner ist einsam alle sind fröhlich
Wangen wie wattiges Sahnebonbon
Nur meine Nägel dies zierliche Ziehen
Endlich der Gong und dann wollten wir fliehen
Immer hockt einer mit winkligen Knien
Auf einer Vorgartenmauer und denkt
Ich meine Finger bloß schamiges Zerren
Formen frisch freundlich mein Drahthaar zum Trend
Warum bleibt trotzdem im Hals und ein Küßchen
Alles wie Stickstopfgeflügelpastete
Die auf so winziger Flamme
Im hellblonden Herzen verbrennt

*MOABIT*

Das Radio redet
Wir die schweigen
Du schaust mich an du fragst warum
Lametta an sonst leeren Zweigen
Absätze tickeln auf Bürgersteigen
Vor unsrer Tür die braune Decke
Vorm Fenster Schnee im Radio Geigen
In einer Ecke bieg dich krumm
Hocken die Worte wortlos
Trumm

*EINER GEWINNT*

Die Zeitung deine Geschichten
Ich ruft der Tag bin beraubt
Leben oder berichten
Der Herbst wird wieder entlaubt

Zwei Hunde wedeln durch Straßen
Eine Dame hält Schritt
Während die Tage verblassen
Gehst du mit der Dame mit

Oder du kommst von Frauen
Stöhnen der offene Mund
Goldene Wiesen und Auen
Nur wer sich pflegt bleibt gesund

Oder du steigst aus Schächten
U-Bahnen fahren los
Oder du fragst nach der rechten
Hand und sie lächelt bloß

Manchmal erfriert ein Schläfer
Selten hörst du ein Kind
Dann zertrittst du den Käfer
*Doppelpunkt* einer gewinnt

## ERSTES GERÜCHT

Ham wir uns vorgestellt Hotel ein leeres Zimmer
Ein Mann am Tisch Pistole eine Hand
Hängt neben ihm gedämpftes Licht ein Schimmer
Fällt auf sein Hirn das Hirn tropft von der Wand ...

... Meer Land ein Polaroid vereiste Äcker
Ein enges Netz der ausgebrannte Trecker
Brokdorf als Scherenschnitt vor letztem Licht
Luftlande Tränengas und Klotzen kein Geklecker
Hetzt die Hereros durch die Wilstermarsch
Und fickt die Votzen ihr seid die Torreros
Hubschrauber fadendicht auf Köpfe *flieht*
Sein Auge das im Turm hockt und euch sieht ...

... tropft von der Wand
Hotel die Hand und immer
Wieder weiter überleben
Da jetzt kleben ein zwei drei vier Leichenteile
Zwischen Aluminiumhaut
Treu brav Schwur und aufgeschaut
*Ehrenwort ich war es nicht*
Brokdorf steht im Gegenlicht

*BLICK*

Und seine Augen fallen auf die Platte
In einer Fensterecke klebt ein geiler Mond
Grün ist das Licht dann noch der letzte Recke
Schluckt Ephedrin weil er im Kompost wohnt

Das Blatt ist weiß und alle Stunden weißer
Die Augen dunkeln aus der Mond wird bleicher
Ein Stuhl knackt leise durch die angefangne Nacht
Jemand der unterm Fenster wartet lacht

*VORSTADT*

Häufig die hohen Häuser
Selten mal drüber geblickt
Selten Jammern und Seufzer
Auf Klo wird im Stehen gefickt

Oft auf weißen Gesichtern
So was wie wacher Blick
Nach Nächten bei krümligen Lichtern
Junge mach mal dein Glück

Rot rinnt das Blut von der Nadel
Weiß fällt ein Streifen Papier
Mama: Lob oder Tadel
Papa: noch drei Büchsen Bier

*BANKERT*

Schlag mir die Augen weg
Hat keinen Zweck

Mach mir die Lippen
Zu breiten Flächen

Ist es das Elfenbein
Liebster das Elfenbein
Vor dem du wartest und das ich dir bin

*DER NORDEN VON BERLIN*

Die Steine platten auf den Wegen
Der Herbst ist still und wie Kind
Ein halbes Glas trübt blauen Regen
Wo falb die Strichfassaden sind

Du siehst mir zu kein Licht das Fieber
Ja bitte Lieber laß mich los
Ich schau dich an beuge mich über
Deinen geöffneten Schoß die Scheiben

Zittern dein Lachen vom Bahnhof her treiben
Rufe herüber Rangiergeräusch Schlag
Dicht vor dem Fenster dümpelt der Tag

## LANDWEHR

Auf dem Kanal schwimmt rot und grün Petroleum
Ein alter Mann zerkaut ein Stück Linoleum
*Rosa* ein Flüstern hier plätschert Geschichte
Und dort er brüllt steht Fichte dicht bei Fichte
Bäume keift er sind so entsetzlich dumm
Alles er jammert ist verkehrt herum

Die Stadt ein Riesenrad und über hundert Lichter
Im Bordstein sagt der Mann seh ich Gesichter
*Karl* brüllt der Mann und krabbelt durch den Rasen
Das macht dem Spaß lacht eine Hure Spaß bis zum
   Vergasen
Ich kenn den sagt sie weiß schon was der mag
Rasierte Möse Beine im Spagat

*DER KRIEG NOCH FERN*

*WIE LAUES LAUB*

*MANN AM MORGEN ICH ALS PFAHL*

Der Morgen war so fahl wie weißes Eisen
Die Reste alter Trinker standen rum
Ein Mann sagt heute wollen wir verreisen
Ich stand als Eisenpfahl am Bahnhof zwischen Gleisen
Und sah mich um

He grünes Tier der Straßenkehrer wartet
Und FICKEN IST GESUND – ÖKOLOGIE
Während ein Gnom ins Auto steigt und startet
Stößt sich ein Reisender an mir dem Pfahl das Knie

He kleines Vieh du weißt wir müssen machen
Daß sich die Leute und das Lachen nach uns drehn
Wir wolln die Welt das Weib aus Marmelade
Und nicht das Wand-zu-Wand die winzige Mansarde
Wir wolln daß alle alle nach uns sehn

Der Mann hebt Hände wedelt mit drei Tüchern
Tanzt auf der Nase und jongliert mit Büchern
Sticht sich ein Auge aus und sagt es kann euch sehn
Das andre auch brülln die die ihn umstehn

Der Mann schreit Kaiser bin ich hetzt – ein Riese
Er flüstert fliegen keiner wird mich sehn
Dann sticht er zu die andern sagen endlich
Jetzt ist er blind und mürbe aber menschlich
Der Mann der blutet wispert Schatten – ihr erkennt mich?
Sie sagen *nicht mehr* und *wir werden gehn*
Ich bleibe weil ich Eisenpfahl bin stehn

*BOSEPARK*

Während der Fixe auf Toiletten
Sich müde an die Heizung ketten
Und zwischen ausgedrehtem Licht
Die Kaufhauskunstlichtbirnen dunkel
Zerwichste Venen das Furunkel
Blüht wenn sie sich daneben sticht

Noch schleicht die dünne Frau am Morgen
Durch einen Ausgang im Parterre
Während sie sich du möchtest Herr?
Die ausgelutschten Stunden borgen
Geht sie zum Ficken Bein mit Haut
Die an den Knochen backt ein Winter
Aus blassem Schnee der nicht mehr taut

Und kaut aus abgelebten Schwänzen
Im nächsten Park steht eine Bank
Fettaugen die vor Kohle glänzen
Auf Knien fürs Stechen ich küsse dich krank

*IM GEBÜSCH DER NEUE SEE*

In den Nächten nach dem Regen
Stehen mittelalte Frauen
Slip zip gold Dreiecklamé
Imbiß Hofjägerallee

In den Straßen an den Wegen
Zwinkern Ficken oder Kauen
Immer noch der Duft nach Regen
Im Gebüsch am Neuen See

Während Wagen knapp und leise
Gummi zwischen Zigaretten
Keucht an dicken Koteletten
Einer Schmant mit Ring und Finger
Auf Bezüge aus Velours

Was fragt sie die Scheine knistern
Licht aus liederlichen Lüstern
Dachtest du mein Dickerchen
Mit der fünfundzwanzig Jahre
Hauchdünn Gold am Hosensack
Stehngebliebnen Uhr

## COCKTAIL

Sie hebt die Augen sie redet leise
Der Strohhalm aus Plastik verfängt sich im Haar
Pfefferminz sagt sie der Mann lächelt weise
Schlank wie zwei Striche der Film zeigt ein Paar

Ah sagt der Mann und piekt mit dem Pieker
Nach einer Kirsche die glucksend versinkt
Ach sagt die Frau und senkt beide Lider
Während sie grüne Flüssigkeit trinkt

*IM AMT*

Der Tag so klar wie Zahnpasta
An Wänden weiß und abwaschbar
Die leere U-Bahn Kacheln gelb
Und zweimal blankpolierte Schienen
In Glasvitrinen schnurrt ein Hahn
Verfolgt von einem Spielzeugmann
Der Krieg noch fern wie laues Laub
Kaum kommt der Tag am Morgen
Und sagt komm laß die Stiefel an
Schon schneuzt er sich der Aktenmann
Und auf den Gängen richten
Sich Stengel zu Geschichten

## TRAVIS BICKLE

Erst sind sie zu ihm hingekommen
Dann haben sie ihn festgenommen
Dann fragen sie John Lennon warum der
Berühmtheit sagt er und das Friedensingen
Das nervt wie Zimmer voll mit Zuckerringen
Gestank versteht ihr etwas das dir bleibt
Immer nur weiche warme Mutterbrüste
Die Welt in der du steckst als Gummikiste
Das ist doch Krätze hört ihr wie es reibt

Ich wollte sehen wie die Lieben fiepen
Die weichen Augen einmal ganz kaputt
Nicht Frieden sondern jammer ach ihr Lieben
Einmal das Schieben das nach vorwärts treibt
Einmal nach draußen damit alle hören
Daß das was in dir rieb jetzt nicht mehr reibt

*MANN UND MÄDCHEN*

Er sagt leg dich aufs Bett und mach die Beine breit
Das Mädchen schließt die Augen
Die graue Iris die Tauben
Vorm Fensterrahmen die Zeit

Er sagt fangen wir an ich werd dir sagen
Wann du mich bittest ich werde dich fragen
Wie war ich – gut? danach wirst du mir sagen
Gib mir mein Kleid

Ich werde vor dir auf der Pritsche liegen
Du ziehst die Tür auf und wirst sagen ich muß gehn
Am Fliegenfänger zappeln Scheißhausfliegen
Du schließt die Tür
Die Falle mit den Fliegen wird sich drehn

*DANACH*

Peitschten die Nacken das Ufer
Hob dir der Kerl als Treiber
Den linken Arm

Krähten die Nüstern
Setzte die Kippe
Sich dir ans honigblau Halsmikrofon

Blieb dir die Glut
An einem Ohrreifen
Lieblich und rosenblut stehn

*DER WELTVERBESSERER*

Die Nachmittage sind kleine Nadeln
Die er sich unter die Vorhaut schiebt
Einer der zwischen Brennesseln Gleisen
Auf Bahndämmen seine Vergangenheit liebt

Laß mich ruft er und hockt auf Schwellen
Die aufgestapelt und wurmstichig sind
Was weißt du von zerriebenen Stellen
Die in mir wie brandige Augäpfel sind

Sieh mich nicht an wie ein Kalb das man schlachtet
Du bist doch eine die mich verachtet
Eine die lächelt wenn ich sage doch
Eine die abwinkt wenn ich sage aber
Eine die grinst und ihren Schwager
Anpatscht der farbiges Glas oder Rinde
Zwischen Gemüse – hau ab geh verschwinde
Aus Mülltonnen und manchmal Rinnsteinen klaubt
Eine die jetzt an einem Fläschchen
Einem Flakon mit Nagellack schraubt

*BORSIGWALDE*

Am frühen Abend fällt eine Kette
Lippenstift rutscht aus dem Kuß
Vor einer Schrankwand *komm ich plätte*
Das weiße Hemd Trevira *hier duftet es nach Ruß*

Durch deinen Körper fressen sich Schuppen
Und Hallen und Haken und Abfall und alt
Nur Frauen die kalt sind sagst du verputzen
Sich und ihre Gestalt

Dort hinter Halden draußen verenden
Leute du polkst am Fensterkitt
Fahrbahn mit ausgefransten Rändern
Majo auf matschigen Pommes frites

Da – zwischen Strapsen Haar und Möse
O du bist abgerissen Mann
Sie hängt deinen Anorak an eine Öse
Du keuchst zwischen Schenkeln die fett sind Ficken
Und flüsterst Ficken bringt Fun

Traum deine Spucke auf Unterröcken
Gelb abgenäht ein Saum zwei Zigarettenlängen Zeit
Hastig im Hausflur murmeln Muster
Es ist nur die Maschine
Die in euch nach Zärtlichkeit schreit

*GENERAL-PAPE-STRASSE*

Bahnhof ein Sputnik Nacht mit Dornen
Auf Pfützen Haut aus Kerosin
Wotan flüstert ein Mann die Nornen
Fassen nach dir und fangen ihn

Ich frage wen? er flüstert manchmal
Geht einer Papestraße hinten übers Feld
Kommt aus dem Bunker aus dem Lazarettsaal
Ich bin das ich der Mann brüllt Schatten
Ein Unbekannter den die Schweine hatten
Ein Klumpen Narbe *Komma* namenlos gestellt
Der Mann nickt duckt sich weil die S-Bahn hält

Dann steht er auf lacht schlenkert mit den Füßen
In Tempelhof landet ein Lufttransport
Wie damals sagt der Mann und will mich küssen
Erzähl von jetzt sagt er ich war so lange fort

Was? frage ich er sagt und senkt die Stimme
Sie nennen dieses Flugzeug Hercules
GeKraT fleht er die Reste in die Rinne
T4 mein Freund du kennst das – Korn und Kimme
Bulle kreischt er dann flüstert er SS

Wir stehen still Gleise und Rampen
Die Nacht Kokon vier Eisenkrampen
Umfassen wie acht Finger den Beton
Nein sagt der Mann und hält mich an der Jacke
Ich bin wie du nur Arbeiter Polacke
Lauf nicht davon dort unter der Baracke
Da liegen sie – Glauben und Hoffen
Ich wohne jetzt er wispert bei den Lauben
Ich suche nachts am Tag fange ich Tauben
Knochen wie Luft schreit er so leicht wie weißes Haar
Das Kissenfüllung *Komma* Haut
Die ockergelber Lampenschirm mit einer blauen Nummer war

*EIN MANN DER BRENNT*

Auf einem Foto hockt ein Mann und zieht sich aus
Die Kinder strecken Finger nach ihm hin
Der Mann begießt sich aus Kanistern mit Benzin
Der Abend wird an beiden Enden grün

Der Mann reißt Zündhölzer am Pflaster an
Ein Mädchen steht im ärmellosen Hemd
Die Kinder tuscheln und stoßen sich an
Der Mann steht aus dem Foto auf und rennt
Die Kinder lachen weil der Mann verbrennt

*UND EIN GELBER GUMMIBALL*

*ROLLT AN EINEN TOTEN*

*VIOLETT*

Die Frau steht am Tag auf ihrem Balkon
Und in der Wohnung zischt Gas
Die Frau schleicht in den Nächten davon
Im Haar ein Haarnetz und Straß

Ich frage die Frau wozu die Federn
Sie sagt ich bin violett
Ich bin ein brennender Vogel auf Rädern
Dazu schaut sie kokett

Ich frage ja aber – die Puppe die Rüstung
Und der Geruch nach Gas
Sie winkt mir zu über die Brüstung
Klappert mit Knöcheln Puppe und Rüstung
Kichert und hat ihren Spaß

## BÄCHE AUF DEM BÜRGERSTEIG

Hi sagt der Schwarze
Die Stadt am Morgen
Sieh mich nicht an in der Gosse fließt Salz
Komm sagt der Schwarze ich wills dir besorgen
Morgen zerschnittener Hals

Tja lacht der Typ und betastet den andern
Der ohne Zähne im Hauseingang kniet
Bin bloß ein Bastard
Aber der Morgen
Glüht

## UND ARBEITER KLEBEN AUF FAHRBAHNEN TEER

Nach einer Nacht ohne Schlaf
Die Hüfte wund ein Rest feiner Schmerzen
Zerdrückte Knochenhaut am Morgen am Gare d'Austerlitz
Wo eine Frau in einem Buch mit tesafilmverklebten Seiten
Nachliest wen sie als nächsten
Auf einem Bahnsteig nach Vichy
Umkreisen muß und wen sie während der Himmel
Ein Himmel über Eisendraht gelb wird wie Safran
Wen sie zu berühren hat wen zu bezaubern
Indem sie dem Erstaunten ein Stück
Zerrissner Zigarettenschachtel
Den Rest roter Pappe hinterrücks
Über die rechte Schulter wirft
Und geht und dann noch die Sonne
Ein Kaugummi
Mit weißer Pfefferminzglasur das nach Lakritze duftet
Selten nach Salbei

## GOLDLÖCKCHEN

Klar spitze Lippen Küßchen Küßchen
Zierlich gerippeltes Ballett
Der mit den tückischen Manschetten
Ist wissen wir doch nur fürs Bett

Der mit den abgeschabten Blicken
Ist Löcher im Gesicht und fahl
Bloß einer der an feinen Stricken
Für dich den Bürschel macht zum Ficken
Ist der – getippelter Schleier
Schnippel im Schwanensee – egal?

*IMMER AM ENDE VOM WINTER*

Auf einem Hochhaus hockt im trägerlosen Kleid
Die Frau des Pförtners jemand winkt ihr zu
Jetzt fliegt sie dünn und beide Arme breit
Trotzdem verknautscht das violette Kleid

Als sie das Dach aus Eternit erreicht
Ein Paar mit festverklebtem lippenfeuchtem Mund
Zwinkert sich angewidert zu der Pförtner schreit
Während ein Mann im Bus die Frau vor ihm erbleicht

Nach Ort und Zeit fragt bellt am Straßenrand ein Hund
Während nun Farbe die in Blumenkübel fällt
Der Mann im Bus räuspert sich müde und gekränkt

Vom Vordach blättert weil die Frau dort hängt
Raschelt der Saum von ihrem Hochzeitskleid
Erst als das Leben aus der Frau entweicht

*BLADE RUNNER*

Horch sagt die Dachluke Sirenen
Blut Bullen Mörder bernsteinfarbne Tränen
Charybdis Skylla Fessel mich am Mast
Wir sterben sagt Priscilla weil wir dumm sind
Die Welt ist ein Parcours und wenn wir stumm sind
Bleiben wir länger wie ein Wurm im Ast

*ORANIENPLATZ*

Die große Stadt ein Regenschirm
Auf allen Plätzen bunte Gräten
Man turnt und bastelt an Geräten
Rechts PVC dazwischen Hirn

Und auf den Dächern wir wie Fliegen
Tanzen auf Teerpappe Makulatur
Heiß hängt die Nacht dazwischen Rasen
Bildet das Blut – versperrte Straßen
Erst fallen Ziegel lose schlägt die Uhr

Streusalz im Herz Herz in der Hose
Spucken wir schnell Siegel und Schweiß
Hing hell die Nacht Beutel mit Lasche
Vom Saum der Tasche Reißverschluß mit Schnur
Endet was will ich denn vorm Wassertor die Spur

*AUCH DU WIRST FALLEN*

Die Bürgersteige sind Rhabarber
Die Luft ist Nacht und stumm
Ein Mann erzählt von Dresden und Pearl Harbour
Dreh dich nicht um

Reklame blinkt in rosa Intervallen
Drei Tote sagt der Mann auch du wirst fallen
Dann greift er mit den Händen nach der Nacht
Die Uhr die an der Kreuzung steht zeigt acht

Der Mann winkt mit den Armen Unsichtbaren
Die Luft wird in Parzellen aufgeteilt
Ich rufe Hallo doch die Taxis waren
Als eine Ampel grün ist weggefahren
Der Mann ruft morgen merke und es eilt

*FOTOGRAFIE*

Noch fickten die Nächte am Rand der Vollendung
Du gabst meiner Antwort drei Fragen auf
Und wartest

Am Rand deines Lächelns sangen die Aschenbecher
Rot im Container einer
Nunmehr gefalteten Zeit

## DER MIT DEN FARBIGEN HÄNDEN

Blöcke aus Kunstharz Welt in Schächten
Mein Hirn sagst du ein Edelstein
Ich säge dir Säcke aus sämtlichen Nächten
Den grünen Staub mahle ich fein

*Nie wieder Hoffnung* nennst du mich Schickse
Haspelnd von Häusern aus gelbem Acryl
Komm sieh mir zu während ich wichse
Brabbeln wann fragst du was ich von dir will

Sieh her sagst du das sind meine Hände
Sie werden pastellgrün man hat mich geimpft
Ich stehe auf und denke zu Ende
Während du dasitzt und deine Hände
Anstierst und dabei grinst

*BITTERMANDEL*

Die bittern Mandeln liefen durch die Nacht
Die Nacht ist lang und schmal oliv ein Flur
Ich fühle Haut und horche mit Hand
Noch lehnt die Leiter leicht an einer Rigipswand
Geräusche wechseln MOLL
Ein Keuchen danach DUR

Der schnelle Fluß verläßt
Durch helle Niederungen
Die Tür am Körper
Mich *nein mich verläßt du nicht*
Dann rufen fest
Verschnallte Eisenlungen
Ein letztes Fauchen durch den langen Flur
Am Hals am Hals hängt eine Wäscheschnur

*TOD*

Der Tod ist kleine Stadt du siehst mich schlafen
Auf Schafen hockt ein Stehaufmann wir gehn
Mit aufgeschlitzten Freunden die wir trafen
Weil Schüssen die sie trafen uns verfehln

Der Tod ist flaches Land du siehst mich ächzen
Weil Land Meer Himmel die sich treffen nach uns sehn
Auf Feldern stehn und während Krähen krächzen
Dich auszubluten offen und versinken
Dein Blut zu trinken hoffen und vergehn

*DÜNNE WELT*

Nein sagt die Stadt
Die Tage lecken
Milchspeiseeis und Wechselgeld
Nie lacht die Stadt
Striche vor schlohhellen Hecken
In einer zu dünnen Welt

*DU BETTEST MICH IN*

*GOLD UND MILCH*

*DIE LIEBE EINER FRAU*

Wir weinen oft und reden manchmal
Wir liegen auf Laken die Laken sind rauh
Das Zimmer ist leer wie ein endloser Tanzsaal
Du sagst das ist die Liebe die Liebe einer Frau

*PAPIERSCHIFF*

Nochmal den Kiesel aus Asche und Amber
Nochmal den Himmel so feist wie ein Vieh
Nochmal die Hitze eng in deiner Kammer
Noch zwei fahle Finger die Male auf meinem Knie

Nochmal das Flirren abgelegter Tage
Nochmal vier Fetzen Haut zernagt und vage
Nochmal die Lippen Lied vom bittren Schnee
Nochmal das kippelige Glück und deine Frage
Das Flüsterlächeln tue ich dir weh

Nochmal das durchgelegne Loch die Liege
Nochmal die bösen abgekniffnen Siege
Nochmal Pupillen mauve petrole ach geh
Während ich dort zwischen Verschlag und Stiege
Neben der ausgestopften Maulbeerkatze liege
Nochmal die Augen wie verbrannter Tee

*ABSCHIED*

Wir faßten unsre Liebe mit Büroklammern zusammen
Und bauten den Mündern Küsse scharlachrot
Wir montierten unsre Blicke auf Trittbretter schwarz
Leuchteten die Flimmerhärchen
Auf deinen Bäuchen blond wie Bier
Dann wurden die Stempel blasser
In den Ohren pickt Sand mein Herz
Hell wie die Milch am Morgen

*DIE WAHL DER APHRODITE*

Drei Äpfel sagt der Götterbote
Der grüne der gelbe und schließlich der rote
Du wählst und erhältst als Synonym
Das wofür uns die Äpfel blühn

Gebongt sagt Paris ich wähle das Leben
Das geht nicht sagt Hermes das ist es eben
Na gut sagt Paris dann wähle ich Blau
Das ist Tod und Treue der Himmel die Frau

## HEIMAT

Die Stadt ein Stoß Licht und Turbinen
Nie brüllt der Platz und springt mich an
Du sagst die Straße zwischen Serpentinen
Kriegst was von uns noch keiner haben kann

Ich frage was vier Uhr die Sonne
Wird angeknipst und hebt sich hinterm Haus
Und ein Frisör begafft noch bettwarm die Kolonne
Er staunt im Glas zittert Likör sie hält

Ein kleiner Mann an Krücken flüstert
Während es weich aus Gräben weht
Etwas das vor dir taumelt und noch wispert
Verdun eh bien nichts ging verloren
Nichts war zu spät Asche Amphoren
Reiter mit Bronzepferd Emporen wir
Sind der Punkt um den die Welt sich dreht

Dann preist die Marktfrau mit dem Dutt Rosinen
Im Ohr Perlmutt der mit den Krücken fragt mich wann
Du weißt ich kam aus Langemarck
Zurück in einem Zinkblechsarg
Ein Pulk die Menge balgt um Auberginen
Nicht träumen Jungchen weil du bist jetzt dran

*NEBENBUHLER*

Erst sickert der Plan deiner tröpfelnden Zunge
Geschmolzen aus Inhalt auf Strich und Karree
Bist bissiger Rahm war ich trotziger Junge
Faßt baumlos die Zukunft tot Tier in Gelee

Erst heulst du von Liebe dann fickst du den andern
Wir wandern alt traumlos kein Ort nur Allee
Du sagst bitte geh?

*AUGUST*

Sie fragt wie ist das liebst du mich
Ich sage wie soll ich das sagen
Manchmal an warmen Tagen
Sie sagt das reicht mir nicht

*DIE FELSEN SIND RÖTLICH UND GRAU*

Abends beginnt die Scheiße
Auf dem Plateau zu stinken
Und der Wein füllt deinen Kopf
Wie ein stiller Gasometer
Aber über deinen Haaren
Hängen die sehr grünen Blätter
Der silbernen Ebereschen herab

*SIECH*

Gelb und die Absicht
Rinnsal und Rinde
Suchen die Sätze
Nach dir und ihm

Niemand im Zimmer
Vielfach verfingert
Teilen sich Sätze
Auf dich und ihn

Eng und an Schultern
Augen und Achsel
Kreisen die Sätze
Um dich und ihn

*KEINER KANN ETWAS DAFÜR*

Du fragst mich wo soll das enden
Ich sage das verrate ich nicht
Du tastest nach meinen Händen
Ich fasse in dein Gesicht

Du fragst mich ob wir uns lieben
Du siehst mich an ich antworte nicht
Wir schweigen die Uhr schlägt sieben
Langsam versickert das Licht

Du fragst mich was werden wir machen
Ich sage keiner kann was dafür
Ich suche nach meinen Sachen
Und gehe danach zur Tür

Die Stadt besteht aus Gesichtern
Die Tage sind Dröhnen und Dreck
Zwischen Kauen und Kichern
Tauche ich weg

*DIE ILIAS*

Er fickte Helena sie schrie und er brüllte
Sie teilten die Stadt die den Morgen ausfüllte
Sie teilten den Morgen über der Stadt
Am Ende waren sie beide matt
Nur Helena schnarchte während er schwieg
Weil aus Helenas Mund Arsch und Schoß
Sah Paris der Samen von Paris floß
Und Paris der neben ihr liegen blieb
Und dachte das ist es dir Troja den Sieg
Drückte von Paris das zwischen den Beinen
Und sah einen Tropfen blutrot doch nur einen
Und draußen im Feld war der Morgen schon lau
Und über der Stadt war der Himmel schon blau

Dann begann Paris sich umzudrehn
Um von Helena weg aufzustehn
Und vor die Stadt und ins Sterben zu gehn

Und hurtig fand Paris im Feld seinen Tod
Die Erde um Paris war trocken und rot

*DAS TICKEN DER STEINE*

*DER BESUCH DES PRÄSIDENTEN*

Bist du das stiere Stampfen der Reihen
Block Kette dreitausend Masken in schwarz
Block bist du Tiere die sich befreien
Schreien und hämmerndes Herz

Du stellst dich hin in die Mitte der Straße
Glas und dahinter drei Welten aus Chrom
Stahl Straß und Federn die zärtliche Vase
Rosen in Lack hellgrauer Mohn

Sieh dich doch an du Welt in der Scheibe
Wackelst der Bus an der Ampel bleibt stehn
Kudamm sagst du flieh oder bleibe
Nicht mehr opak aber schön wie ein Zwitter
Ritter das Brüllen der Arm der sich beugt

Bist du gebückt bist Behelmter vor Banken
Bist du das Bild bist du prächtiges Schwanken
Splitter die in einer Scheibe ertranken Spiegel
Welt die dich säugt

## HRDLICKA

Die Stadt aus stiller Zuckerwatte
Am Prater blüht ein Apfelbaum
Der Sandler hockt beim Riesenratte
Mein Mädchen möchte Juden schaun

Die Juden knien in den Gassen
Wischeln dipdip am Bürgersteig
Du fragen sie hast mich verlassen
Melange kredenzt in dünnen Tassen
Drei Damen ditschen Blätterteig

Nur dann mein Freund die roten Hunde
Mal mit und manchmal ohne Bein
Rollen fidel vom Altersheim
Zur vorgerückten Dunkelstunde
Im Rollstuhl zwischen Walz und Wein
Und *wolln Sie mich sekieren*
Fix frisch fromm geh ein Palmenzweig
Wedelt den Dreck vom Bürgersteig

## DIE LIEBE UND DER LOTTOKÖNIG

Ein Lottokönig hat mich ausgezogen
Du bist ein Engel sagt er und dein Schoß ist naß
Ich hab gedacht das Bett ist Himmel und bin weggeflogen
Er hat gesagt das ist das Leben und macht Spaß

Ich hab gesagt hier bleib ich weil ich liebe
Der Lottokönig lacht
Ach Mädchen woher bist du bloß
Aus der Fabrik sag ich Motoren und Getriebe
Er sagt komm her dein Schoß ist naß und groß

Da bin ich aufgestanden siehst du daß ich weine
Spürst du die Laken nicht die Falten sind wie Steine
Das alles kriecht doch Scheiße bloß so hin

Siehst du da draußen wie die Pappeln rauschen
Keiner von uns sagt er kann wirklich tauschen
Komm leg dich hin

Und sagt er Schatz sei gut was heißt hier Leben
Die Stadt ist eben was sie ist
Fick dich ins Knie
Du kranker Kopf hab ich gesagt die Steine beben
Wenn du sie schüttelst sonst beben sie nie

Du bist ein Haserl sagt der Lottokönig
Ein Herzchen komm gib Küßchen sei nicht fad
Das ist die Liebe und das ist nicht wenig
Fick dich sag ich
Steck deinen Schwanz doch in den Geldspielautomat

*HAYMARKET*

Der Tag ein Stich mit dem Florett
Die Luft noch Reste Regen
He sagt der Greis bei Haymarket
Da sind wir unterlegen

Ich frage wann er sagt der Mord
Der deutschen Anarchisten
Der nicht geschah war wunderbar
Als Waffe der Faschisten

Ich frage wo er sagt Chicago
Ich frage was hab ich damit zu schaffen
Er brüllt ein Arschloch murmelt du
Schreit vorwärts zu den Waffen
Dann setzt er sich und sagt mein Sohn
Kein Blick für die Geschichte
Ich sage schon
Er weht davon
Gelbgold im Frühlingslichte

*JULI*

Bloß ewige Stadt Planen aus Plastik
Keiner sagt der Papst wird was er will
Startende Autos ich rutsche hastig
Von einem Kühlergrill

Dann steh ich da Strumpfband an Leine
Ein Mann winkt Zügen die es gar nicht gibt
Komm sagt die Stadt wer will schon daß ich weine
Niemand sag ich während der Tiber nickt

*DAS ENDE VON SOMOZA*

Wir stelln uns vor die Hitze Himmel Palmen
Zwei Blechbaracken eine Panzerfaust
Ein Mann der kocht ein offnes Feuer Qualmen
Weil Suppe überkocht die Straße staubt

Wir denken was wir sehen Wagen
Somoza der geschützt wird ein MG
Zwei Männer die drei tote Hühnchen tragen
Einer in Schuhen der der raucht ruft he

Wir wissen was jetzt kommt der bei Tonne
Legt an die Panzerfaust dahinter die Kolonne
Staub oder Sterben ein Schuß der verfehlt
Die Suppe brodelt weil das Feuer schwelt

Wir sind dabei wir wissen was wir müssen
Europa blickt auf Paraguay und lacht
Die Hühnchen wern im Staub von schnellen Schüssen
In jede Richtung aufgefetzt zerrissen
Einer der stirbt hat sich ins Hemd geschissen
Ein andrer blutet betet brüllt und denkt zu spät
Wir sind der bei der Tonne der jetzt lädt

Und wissen daß wir sterben Staub und Sonne
Die Panzerfaust ruht ruhig auf der Tonne
Somoza hockt im Fadenkreuz und greint
Wir meinen daß ein Mann der stirbt nicht weint

*T. B.*

Die Welt ist so grausam sagte er
Und du bist so schön
Doch das Böse wird siegen sagte er
Und du wirst untergehn
Dann schießt er das Mädchen fällt auf den Sand
Blau Meer hellgrau Himmel ein staubiger Strand

## TAG DER ARBEIT

Erst kippt ein Bulli dann brennen Container
Jetzt sagt die Stadt erster Mai
Nicht dieser oder jener
Kampftag wie war das *Arbeit macht frei*

Am Görlitzer Bahnhof Barrikaden
Ein Caterpillar der langsam verbrennt
Weg sagt ein Mädchen und wirft einen Brandsatz
Erinnert euch an die Namen der Toten
An die die keiner mehr kennt

Hier sagt sie sterben wir täglich
Nachts sagt sie Feuer und Fest
Sterben sagt sie ist eklich
Sechs an der Mauer oben Bernauer
Ist das fragt sie der Ausweg
Den man uns
Zwischen Fassaden Laden bei Laden
Den man uns offenläßt

Keiner sagt sie zählt heute die Leute
Die plündern bei Bolle flambierte Wolle
Pudding lacht sie ruft eßt

Wir sind die Flammen das Ticken der Steine
Am Blech der Wannen klirrendes Glas
Wir sind das Brüllen Rennen und eine
Nacht am Lausitzer Platz

Wir sind die kurzgeschlossne Beleuchtung
Wir die Patrone mit Tränengas
Wir sind der jubelnde Mann auf der Kreuzung
Trunken wir sind das

Wir sind das Trommeln auf Eisboxen Tänze
Wir sind die Bullen die flüchten die Grenze
Mauer im Rücken mit Draht
Wir sind die klauenden Bürger die Brände
Wir sind die Mythen Türken mit Tüten
Wir sind das Kokeln der leeren Regale
Wir sind das Fahrrad das kippt die Pedale
Die sich noch dreht noch gedreht hat
Wir sind die Schwebebahn Stahlpfeiler Stadt

## MARIA IM TRAUM

Leise schaukeln rosa Halme
Durch blaßblaue Flüssigkeiten
Lächelnd ziehen leere Augen über schlanke Cocktailgläser
Durch den weißverrauchten Raum
Maria im Traum

Selig sengen weiße Körper ordentliche Hologramme
Durch ein Spiel aus Zahl und Flamme
Räuspernd ragen riesengroße
Schwarz bestrichne Spargelleiber
Vor Maria durch das Licht
Du Maria siehst mich nicht

Während runde Waden baumeln
Schaukeln gelbdurchbrochne Strümpfe
Über weißen Gartenstühlen unstet zappeln an Gefühlen
Männer in geknöpften Hosen
Andre richten Rüschenmieder
Dort am Hohlweg blüht der Flieder
Und Maria dann der Speck
Eins zwei drei und du bist weg

MICHAEL WILDENHAIN, geboren 1958, studierte
Verschiedenes, zur Zeit Informatik, lebt in Berlin.
1983 erschien seine erste Erzählung *zum beispiel k.*
(Rotbuch 268), 1984 Mitarbeit an dem Projekt
*Waldmaschine* (Rotbuch 298), zuletzt 1987 *Prinzenbad*
(Rotbuch 327). Im gleichen Jahr erhielt er ein
Förderstipendium des »Leonce-und-Lena-Preises der
Stadt Darmstadt« und 1988 den Verlegerpreis des
Klagenfurter »Ingeborg Bachmann-Wettbewerbs«.